ORATHAY SOUKSISAVANH
FOTOS VON CHARLOTTE LASCÈVE

SUPER EINFACH
KOCHEN MIT 5 - 6 ZUTATEN
BURGER

Librero

Inhalt

FISCH UND KRUSTENTIERE

VEGGIE

SPEZIAL

Aus den USA

1

Röstzwiebeln und eingelegtes Gemüse

In 10 Minuten vorbereitet

5 Minuten Kochzeit

Für 2 Personen

große Buns
× 2

Hacksteaks
× 2 (150 g)

kleine Cornichons
× 2

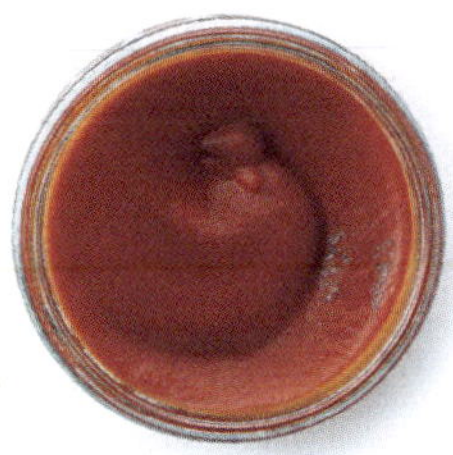

Ketchup
2 Esslöffel

Röstzwiebeln
2 Esslöffel

Senf
2 Esslöffel

- Den Ofen auf 180 °C vorheizen. Die Cornichons in Scheiben schneiden, die Buns halbieren.
- Einen Schuss Öl in eine Pfanne geben. Die Steaks salzen und pfeffern. Die Buns für 5 Minuten in den Ofen geben, um sie anzuwärmen.
- Die Steaks bei großer Hitze 1 - 2 Minuten auf jeder Seite anbraten. Die Buns innen mit Ketchup und Senf bestreichen. Die Steaks, die Cornichons und die Röstzwiebeln hineinlegen. Die Burger zuklappen.

Aus den USA

Cheeseburger

2

kleine Buns
× 2

Hacksteaks
× 2 (125 g)

Cornichon
× 1

kleine Zwiebel
× ½

Cheddar
2 Scheiben

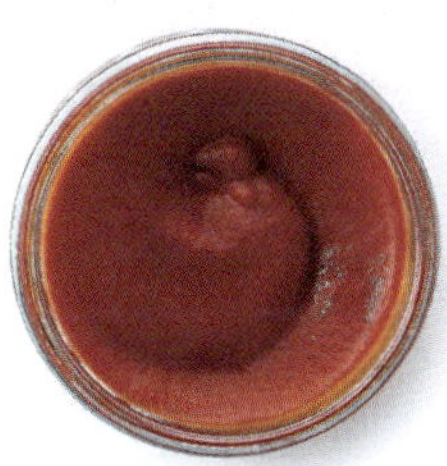

Ketchup
4 Esslöffel

In 10 Minuten vorbereitet

5 Minuten Kochzeit

Für 2 Personen

- ○ Den Ofen auf 180 °C vorheizen. Das Cornichon in Streifen und die Zwiebel in feine Scheiben schneiden, die Buns halbieren.
- ○ Die Steaks salzen und pfeffern. Die Buns für 3 Minuten in den Ofen geben.
- ○ Einen Schuss Öl in eine Pfanne geben, die Steaks bei großer Hitze 1 - 2 Minuten auf jeder Seite anbraten.
- ○ Die Buns mit Ketchup bestreichen, die Steaks und eine Scheibe Cheddar darauflegen und für 2 Minuten in den Ofen geben. Die Cornichonstreifen und die Zwiebelscheiben darauflegen. Die Burger zuklappen.

Aus den USA

3

Double Cheese

große Buns
× 2

Hacksteaks
× 4 (80 g)

Cornichon
× 1

orangefarbener Cheddar
4 Scheiben

weißer Cheddar
4 Scheiben

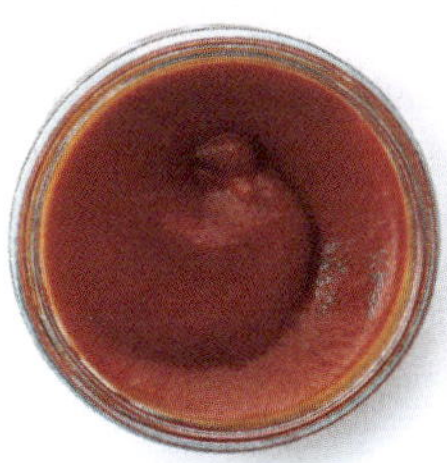

Ketchup
4 Esslöffel

In 10 Minuten vorbereitet

5 Minuten Kochzeit

Für 2 Personen

- Den Ofen auf 180 °C vorheizen. Das Cornichon in Scheiben schneiden, die Buns halbieren.
- Die Steaks salzen und pfeffern. Die Buns 3 Minuten im Ofen erwärmen.
- Einen Schuss Öl in eine Pfanne geben, die Steaks auf höchster Stufe 30 Sekunden auf jeder Seite anbraten. Auf jedes Steak ein Cheddar-Duo legen.
- Die Buns mit Ketchup bestreichen, auf eine Seite 2 Steaks mit dem Cheddar legen und für 2 Minuten in den Ofen geben. Die Cornichonstreifen hinzufügen. Zuklappen.

Aus den USA

4

Bacon-Burger

In 15 Minuten vorbereitet

35 Minuten Kochzeit

Für 2 Personen

große Buns
× 2

Hacksteaks
× 2 (150 g)

Zwiebeln
× 2

Cheddar
2 Scheiben

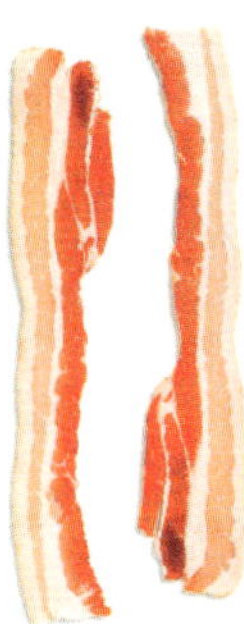

Bacon
6 Scheiben

Barbecue-Sauce
4 Esslöffel

- Die in feine Scheiben geschnittenen Zwiebeln in einer Pfanne bei mittlerer Hitze anschwitzen. Sobald sie Farbe angenommen haben, die Hitze zurückdrehen, salzen und pfeffern. 20 Minuten karamellisieren lassen.
- Den Bacon 12 Minuten bei 180 °C grillen. Die Buns halbieren und für 5 Minuten in den Ofen geben.
- Einen Schuss Öl in eine Pfanne geben, die Steaks auf höchster Stufe 1 - 2 Minuten auf jeder Seite anbraten. Den Cheddar auf das Fleisch legen, 2 Minuten in den Ofen geben.
- Die Buns mit Sauce und Zwiebeln bestreichen, das Steak und 3 Scheiben Bacon darauflegen. Zuklappen.

Aus den USA

5

Gefüllter Burger

In 15 Minuten vorbereitet

5 Minuten Kochzeit

Für 2 Personen

große Buns
× 2

Hacksteaks
× 2 (160 g)

Cheddar
2 Scheiben

rote Zwiebel
× ½

Tomate
× 1

Burger-Sauce
4 Esslöffel

- Den Ofen auf 180 °C vorheizen. Die Tomate und die Zwiebel in Scheiben schneiden, die Buns halbieren. Den Cheddar zu einem Rechteck falten, die Steaks damit füllen und die Ränder gut verschließen.
- Die Steaks salzen und pfeffern. Die Buns für 5 Minuten in den Ofen geben.
- Einen Schuss Öl in eine Pfanne geben, die gefüllten Steaks auf höchster Stufe 5 - 6 Minuten auf jeder Seite anbraten.
- Die Buns mit Sauce bestreichen, die Tomate, das Steak und die Zwiebelscheiben darauflegen. Zuklappen.

Aus den USA

6

Pizza-Burger

In 10 Minuten vorbereitet

7 Minuten Kochzeit

Für 2 Personen

große Buns
× 2

Hacksteaks
× 2 (150 g)

Mozzarella
125 g

kleine, dünne Scheiben
Chorizo × 16

Tomatensauce
4 Esslöffel

Basilikum
12 Blätter

- Den Ofen auf 200 °C vorheizen. Steaks formen. Den Mozzarella in feine Streifen schneiden und die Buns halbieren.
- Beide Seiten der Buns mit Tomatensauce bestreichen, den Mozzarella und die Chorizo darauf verteilen. 5 - 7 Minuten in den Ofen geben. Der Mozzarella darf nicht zu durch sein.
- Einen Schuss Öl in eine Pfanne geben, die Steaks salzen, pfeffern und bei großer Hitze 2 Minuten auf jeder Seite anbraten. Das Basilikum und dann die Steaks auf die Buns legen.

Aus den USA

7

Rindfleisch, Cheddar und Peperoni

In 10 Minuten vorbereitet

15 Minuten Kochzeit

Für 2 Personen

große Buns
× 2

Steaks
× 2 (200 g)

Cheddar
4 Scheiben

Zwiebel
× 1

grüne Peperoni
× 1

Knoblauch
1 Zehe

- Den Ofen auf 180 °C vorheizen. Die Zwiebel und die Peperoni in feine Scheiben schneiden, die Steaks in Streifen schneiden. Salz, Pfeffer und gepressten Knoblauch mischen und auf den Streifen verteilen. Den Cheddar in Stücke schneiden, die Buns halbieren.
- Die Buns für 5 Minuten in den Ofen geben.
- Einen Schuss Öl in eine Pfanne geben und die Zwiebeln karamellisieren lassen. Herausnehmen. Das Fleisch auf höchster Stufe 1 Minute anbraten und dabei wenden. Die Zwiebeln, die Peperoni und den Cheddar hinzugeben. Sobald der Käse geschmolzen ist, die Mischung auf die Buns geben.

Aus den USA

Schweinefleisch mit Blaukraut

In 15 Minuten vorbereitet

1 h 30 Kochzeit

Für 4 Personen

große Buns
× 4

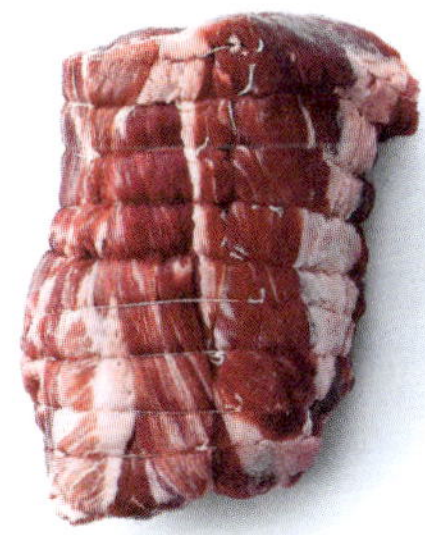

Schweinekamm
500 g

große Zwiebeln
× 2

große Karotten
× 2

Blaukraut
ein paar Blätter

Barbecue-Sauce
8 Esslöffel

- Den Ofen auf 200 °C vorheizen.
- Den gesalzenen und gepfefferten Schweinekamm in einen Schmortopf mit Öl geben und mit Wasser bedecken. Die Zwiebeln geviertelt dazugeben, zum Kochen bringen und zugedeckt 1 Stunde und 15 Minuten in den Ofen geben. Das Fleisch herausnehmen und die Fleischbrühe 10 Minuten einreduzieren lassen.
- Die Karotten reiben und den Kohl in feine Scheiben schneiden. Die Buns halbieren und bei 180 °C für 5 Minuten in den Ofen geben.
- Brühe und Sauce über das ausgelöste Fleisch geben. Das Fleisch und das Gemüse in die Buns legen.

Aus den USA

9

Burger mit Zwiebelringen

große Buns
× 2

Hacksteaks
× 2 (150 g)

Zwiebelringe
× 10

große Tomate
× 1

Bataviasalat
4 Blätter

Barbecue-Sauce
6 Esslöffel

In 10 Minuten vorbereitet

20 Minuten Kochzeit

Für 2 Personen

- Die Tomate in Scheiben schneiden, die Buns halbieren. Hacksteaks formen.
- Die Zwiebelringe wie auf der Verpackung angegeben aufwärmen und die Buns in den Ofen geben, etwa 5 Minuten bevor die Zwiebelringe fertig sind.
- Einen Schuss Öl in eine Pfanne geben, die Steaks auf höchster Stufe 2 Minuten auf jeder Seite anbraten.
- Die Barbecue-Sauce über die Buns gießen, die Tomatenscheiben, den Bataviasalat, die Steaks und die Zwiebelringe darauflegen und mit Sauce beträufeln. Zuklappen.

ORIGINAL
BBQ
SAUCE
Deliciously
CH & SMOKEY
HP
ORIGINAL
BBQ
SAUCE
CLASSIC
WOODSMOKE
FLAVOUR

Aus den USA

10

Nuggets-Burger

In 5 Minuten vorbereitet

15 Minuten Kochzeit

Für 2 Personen

große Buns
× 2

Chicken-Nuggets
× 6-8

kleine Tomaten
× 2

Eisbergsalat
× ¼

Mayonnaise
4 Esslöffel

Barbecue-Sauce
4 Esslöffel

- Die Tomaten in Scheiben schneiden, die Buns halbieren. Den Eisbergsalat in feine Scheiben schneiden.
- Die Nuggets wie auf der Verpackung angegeben aufwärmen und die Buns in den Ofen geben, etwa 5 Minuten bevor die Nuggets fertig sind.
- Eine Seite der Buns mit Mayonnaise, die andere mit Barbecue-Sauce bestreichen. Die Tomaten, die Nuggets und den Salat darauf verteilen. Zuklappen.

Aus den USA

11

Bacon, Blattsalat und Tomaten

In 5 Minuten vorbereitet

15 Minuten Kochzeit

Für 2 Personen

große Buns
× 2

panierte Hähnchen-
schnitzel × 2

kleine Tomaten
× 2

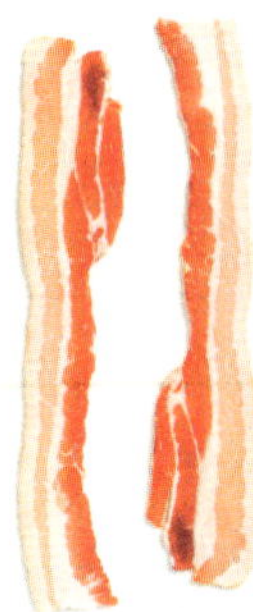

Bacon
6 Scheiben

Mayonnaise
4 Esslöffel

Blattsalat
8 Blätter aus dem Herz

- ○ Die Tomaten in Scheiben schneiden, die Buns halbieren.
- ○ Den Bacon 12 Minuten bei 180 °C grillen.
- ○ Die panierten Schnitzel wie auf der Verpackung angegeben erwärmen und die Buns in den Ofen geben, etwa 5 Minuten bevor die Schnitzel fertig sind.
- ○ Die Buns mit Mayonnaise bestreichen, die Tomaten darauf verteilen, die panierten Schnitzel, den Bacon und den Blattsalat darauflegen. Zuklappen.

Aus den USA

12

Cäsar-Burger

In 15 Minuten vorbereitet

5 Minuten Kochzeit

Für 2 Personen

große Buns
× 2

Hähnchenschnitzel
× 2 (150 g)

Romana-Salat
8 Blätter

Aioli
4 Esslöffel

Sardellen in Öl
× 6

Parmesan
50 g

- O Den Ofen auf 180 °C vorheizen. Das Huhn mit einem Messer in feine Scheiben schneiden und hacken. Salzen und pfeffern. Aus dem Fleisch mit der Hand Steaks formen. Mit einem Sparschäler den Parmesan hobeln.
- O Die Buns halbieren und für 5 Minuten in den Ofen geben.
- O Einen Schuss Öl in eine Pfanne geben, die Steaks auf höchster Stufe 3 - 4 Minuten auf jeder Seite anbraten.
- O Die Buns mit Aioli bestreichen, das Huhn, die Sardellen, den Parmesan und den Romana-Salat darauflegen. Zuklappen.

Aus den USA

Hot-Dog-Burger

In 5 Minuten vorbereitet

15 Minuten Kochzeit

Für 2 Personen

große Buns
× 2

Hacksteaks
× 2 (125 g)

Knacki®
× 2

Röstzwiebeln
2 Esslöffel

Ketchup
4 Esslöffel

Senf
2 Esslöffel

- Den Ofen auf 180 °C vorheizen. Die Knacki® der Länge nach durchschneiden und halbieren.
- Die Buns halbieren und für 5 Minuten in den Ofen geben. Einen Schuss Öl erhitzen und die Knacki® 2 - 3 Minuten anbraten.
- Die Steaks auf beiden Seiten salzen und pfeffern, einen Schuss Öl hinzugeben und auf höchster Stufe 1 - 2 Minuten auf jeder Seite anbraten.
- Die Buns mit Ketchup und Senf bestreichen, die Steaks, die Knacki® und die Röstzwiebeln darauflegen. Zuklappen.

Fren'Cheese

Cantal und Schalotten

14

In 15 Minuten vorbereitet

5 Minuten Kochzeit

Für 2 Personen

große Buns
× 2

Hacksteaks
× 2 (150 g)

Schalotten
× 3

Sherry-Essig
2 Esslöffel

Cantal-Käse
80 g

Frisée-Salat
125 g

- Den Ofen auf 180 °C vorheizen. Die Schalotten in feine Scheiben schneiden und in einem Schuss Öl anschwitzen. Nachdem sie Farbe angenommen haben, den Essig hinzugeben und ganz einreduzieren lassen.
- Die Buns halbieren, den Cantal in Scheiben schneiden. Die Buns für 5 Minuten in den Ofen geben.
- Die Steaks formen, salzen, pfeffern und 1 - 2 Minuten auf jeder Seite anbraten. Den Käse auf das Steak legen, 2 Minuten in den Ofen geben.
- Die Schalotten auf den Buns verteilen, die Steaks und den Frisée-Salat darauflegen. Zuklappen.

Beaufort und Champignons

große Buns
× 2

Hacksteaks
× 2 (150 g)

Zwiebel
× 1 kleine

frische Champignons
× 8

Beaufort-Käse
80 g

Aioli
4 Esslöffel

In 15 Minuten vorbereitet

5 Minuten Kochzeit

Für 2 Personen

- Den Ofen auf 180 °C vorheizen. Die Champignons putzen und vierteln, die Buns halbieren, den Beaufort in Streifen schneiden. Die Zwiebel in feine Scheiben schneiden. Steaks formen, salzen und pfeffern.
- Die Zwiebel in einem Schuss Öl anschwitzen, die Champignons hinzugeben, salzen und pfeffern. Alles goldgelb anbraten. Die Buns für 5 Minuten in den Ofen geben.
- Die Steaks 1 - 2 Minuten auf jeder Seite anbraten, den Beaufort darauflegen, für 2 Minuten in den Ofen geben.
- Die Buns mit Aioli bestreichen, die Steaks und die Champignons darauflegen. Zuklappen.

16

Roquefort und Spinat

große Buns
× 2

Hacksteaks
× 2 (150 g)

Zwiebeln
× 2

Crème fraîche
1 Esslöffel

Roquefort-Käse
80 g

Blattspinat
60 g

In 15 Minuten vorbereitet

25 Minuten Kochzeit

Für 2 Personen

- Den Ofen auf 180 °C vorheizen. Die in feine Scheiben geschnittenen Zwiebeln in einem großen Schuss Öl bei mittlerer Temperatur anschwitzen. Sobald sie Farbe angenommen haben, die Temperatur zurückdrehen, die Zwiebeln salzen und pfeffern, dann 20 Minuten karamellisieren lassen. Die Buns halbieren.
- Die Crème fraîche und den Roquefort mischen, in der Mikrowelle 20 Sekunden erwärmen. Die Buns für 5 Minuten in den Ofen geben. Die Steaks salzen, pfeffern und 1 - 2 Minuten auf jeder Seite scharf anbraten.
- Die Zwiebeln, das Steak, die Roquefort-Sauce und den Spinat auf die Buns legen. Zuklappen.

Raclette-Burger

große Buns
× 2

Hacksteaks
× 2 (150 g)

kleine Scheiben
Raclette-Käse × 4

Mayonnaise
4 Esslöffel

Cornichons
× 4

Feldsalat
60 g

In 10 Minuten vorbereitet

5 Minuten Kochzeit

Für 2 Personen

- Die Buns halbieren, die Cornichons in Streifen schneiden. Die Steaks formen, salzen und pfeffern.
- Den Ofen auf 180 °C vorheizen. Die Buns für 5 Minuten in den Ofen geben.
- Die Steaks 1 - 2 Minuten auf jeder Seite scharf anbraten. Käse auf jedes Steak legen und für 2 Minuten in den Ofen geben.
- Die Buns mit Mayonnaise bestreichen, die Steaks, die Cornichons und den Feldsalat darauflegen. Zuklappen.

18

Burger mit Käseauflauf

Vollkornbrötchen
× 2

Hacksteaks
× 2 (150 g)

kleine Scheiben
Reblochon-Käse × 4

Zwiebeln
× 2

Speck
75 g

Salatmischung
60 g

In 15 Minuten vorbereitet

25 Minuten Kochzeit

Für 2 Personen

- Den Ofen auf 180 °C vorheizen. Die Zwiebeln in feine Scheiben schneiden und bei mittlerer Hitze im Öl anschwitzen. Sobald sie Farbe angenommen haben, die Hitze zurückdrehen, die Zwiebeln salzen und pfeffern, 20 Minuten karamellisieren lassen.
- Die Buns halbieren und für 3 Minuten in den Ofen geben. Den Speck anbraten. Hacksteaks formen, salzen und pfeffern. 1 Minute auf jeder Seite scharf anbraten.
- Die Zwiebeln, die Steaks, je eine Scheibe Reblochon und den Speck auf die Buns legen. Für 2 - 3 Minuten in den Ofen geben. Die Salatmischung darauf verteilen. Zuklappen.

Mont d'Or und Knoblauchwurst

In 5 Minuten vorbereitet

5 Minuten Kochzeit

Für 2 Personen

große Buns
× 2

Hacksteaks
× 2 (150 g)

Mont-d'Or-Käse
2 große Esslöffel

Knoblauchwurst
× 4 Scheiben

Senf
2 Esslöffel

Feldsalat
60 g

- Den Ofen auf 180 °C vorheizen. Die Buns halbieren und für 3 Minuten in den Ofen geben.
- Hacksteaks formen, salzen und pfeffern. 1 - 2 Minuten auf jeder Seite anbraten. Einen Esslöffel Mont d'Or über jedes Steak geben.
- Die Buns mit Senf bestreichen, die Steaks darauflegen und 2 - 3 Minuten in den Ofen geben. Die Wurstscheiben darauflegen, den Feldsalat verteilen. Zuklappen.

Fren'Cheese

20

Tomme-Käse und Rösti

Ciabatta-Brot
× 2

Hacksteaks
× 2 (150 g)

kleine Scheiben Tomme de Savoie × 4

Rösti
× 2

Burger-Sauce
4 Esslöffel

Bataviasalat
4 Blätter

In 10 Minuten vorbereitet

15 Minuten Kochzeit

Für 2 Personen

- Den Ofen auf 180 °C vorheizen. Die Buns halbieren. Die Rösti in der Pfanne nach den Anweisungen auf der Verpackung erwärmen.
- Die Buns für 3 Minuten in den Ofen geben. Die Steaks salzen und pfeffern und bei hoher Hitze 1-2 Minuten auf jeder Seite anbraten.
- Die Buns mit Burger-Sauce bestreichen, die Rösti, die Steaks und die Tomme-Scheiben darauflegen. Für 2 - 3 Minuten in den Ofen geben. Den Salat verteilen. Zuklappen.

21

Camembert und Äpfel

große Buns
× 2

Hacksteaks
× 2 (150 g)

Camembert
× 4 Scheiben

Apfel
× 1

Aioli
4 Esslöffel

Feldsalat
60 g

In 10 Minuten vorbereitet

15 Minuten Kochzeit

Für 2 Personen

- Den Apfel schälen und in feine Spalten schneiden. Mit etwas Öl in einer Pfanne goldgelb anbraten.
- Den Ofen auf 180 °C vorheizen. Die Buns halbieren und für 3 Minuten in den Ofen geben.
- Die Hacksteaks salzen, pfeffern und bei hoher Hitze 1-2 Minuten auf jeder Seite anbraten.
- Die Buns mit Aioli bestreichen, die Steaks und Camembert-Scheiben darauflegen und für 2 - 3 Minuten in den Ofen geben. Die Apfelspalte und den Feldsalat darauf verteilen. Zuklappen.

Maroilles und Chicorée

In 5 Minuten vorbereitet

5 Minuten Kochzeit

Für 2 Personen

große Buns
× 2

Hacksteaks
× 2 (150 g)

Maroilles-Käse
4 kleine Scheiben

Chicorée
× 1

Senf
2 Esslöffel

Cornichons
× 2

- Den Ofen auf 180 °C vorheizen. Die Buns halbieren, die Cornichons in Scheiben schneiden. Den Chicorée der Länge nach in feine Scheiben schneiden.
- Die Buns für 3 Minuten in den Ofen geben. Die Steaks salzen und pfeffern und bei hoher Hitze 1-2 Minuten auf jeder Seite anbraten.
- Die Buns mit Senf bestreichen, die Steaks und die Maroilles-Scheiben darauflegen und für 2 - 3 Minuten in den Ofen geben.
- Die Cornichons und den Chicorée darauflegen. Zuklappen.

23

Munster und Sauerkraut

In 10 Minuten vorbereitet

17 Minuten Kochzeit

Für 2 Personen

große Buns
× 2

Hacksteaks
× 2 (150 g)

Munster-Käse mit Kümmel
4 kleine Scheiben

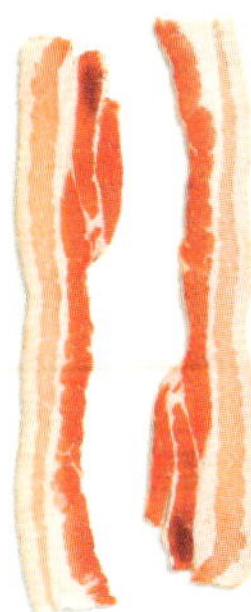

Bacon
6 Scheiben

rohes Sauerkraut
40 g

Senf
2 Esslöffel

- Das Sauerkraut spülen. So vollständig wie möglich abtropfen lassen.
- Den Bacon 12 Minuten bei 180 °C grillen. Die Buns halbieren und für 5 Minuten in den Ofen geben.
- Hacksteaks formen, salzen und pfeffern. 1 - 2 Minuten auf jeder Seite scharf anbraten. Den Munster auf jedes Steak legen, 2 Minuten in den Ofen geben.
- Die Buns mit Senf bestreichen, die Steaks mit dem Munster und den Bacon darauflegen, das Sauerkraut darüber verteilen. Zuklappen.

Beaufort und Senf

große Buns
× 2

Hacksteaks
× 2 (150 g)

Beaufort-Käse
80 g

Crème fraîche
1 Esslöffel

Senf mit ganzen Körnern
1 Esslöffel

Blattspinat
60 g

In 10 Minuten vorbereitet

5 Minuten Kochzeit

Für 2 Personen

- Den Ofen auf 180 °C vorheizen. Die Crème fraîche mit dem Senf mischen und 45 Sekunden in der Mikrowelle erwärmen.
- Den Käse in feine Scheiben schneiden, die Buns halbieren. Die Buns für 5 Minuten in den Ofen geben.
- Hacksteaks formen, salzen und pfeffern. 1 - 2 Minuten auf jeder Seite anbraten. Den Beaufort auf die Steaks verteilen, 2 Minuten in den Ofen geben.
- Die Buns mit der Crème fraîche und dem Senf bestreichen. Die Steaks und den Blattspinat darauflegen. Zuklappen.

Tomme, Huhn und Paprika

In 10 Minuten vorbereitet

15 Minuten Kochzeit

Für 2 Personen

große Buns
× 2

Hähnchenschnitzel
× 2 (150 g)

Zwiebel
× ½

rote Paprika
× ½

Tomme de Brebis
80 g

Rucola
60 g

- Den Ofen auf 180 °C vorheizen. Das Schnitzel mit dem Messer hacken, salzen und pfeffern, Steaks formen. Den Tomme-Käse, Zwiebel und Paprika in feine Scheiben schneiden, die Buns halbieren.
- Die Zwiebelscheiben im Öl anschwitzen. Dann die Paprikastreifen hinzugeben und 1 Minute ziehen lassen. Salzen und pfeffern. Die Buns für 5 Minuten in den Ofen geben.
- Die Steaks bei mittlerer Hitze 3 - 4 Minuten auf jeder Seite anbraten, den Tomme-Käse darauflegen und 2 - 3 Minuten in den Ofen geben. Das Kompott, die Steaks und den Rucola auf die Buns geben. Zuklappen.

La Vache qui rit® und Schinken

In 10 Minuten vorbereitet

5 Minuten Kochzeit

Für 4 Personen

große Buns
× 2

Hacksteaks
× 2 (150 g)

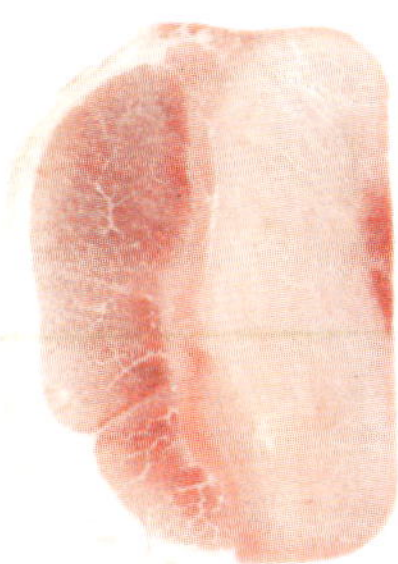

Schinken
1 Scheibe

La Vache qui rit©
4 Ecken

Eichblattsalat
4 Blätter

Burger-Sauce
4 Esslöffel

- Den Ofen auf 180 °C vorheizen. Den Schinken schneiden und die Buns halbieren. La Vache qui rit© zerbröseln.
- Die Buns 5 Minuten aufwärmen.
- Hacksteaks in Größe der Buns formen, salzen und pfeffern. 1 - 2 Minuten auf jeder Seite anbraten. La Vache qui rit© darauf verteilen und 2 - 3 Minuten in den Ofen geben.
- Die Buns mit Burger-Sauce bestreichen, die Steaks mit dem Käse, einer halben Scheibe Schinken und dem Salat belegen. Zuklappen.

Tikka-Burger

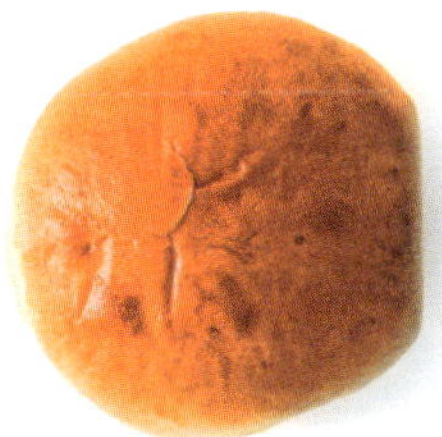

Buns
× 2

Tikka-Huhn
8 Stück

Zaziki
125 g

Gurke
× ½

Koriander
½ Bund

In 5 Minuten vorbereitet

5 Minuten Kochzeit

Für 2 Personen

- Die Buns halbieren. Die Gurke in feine Scheiben schneiden.
- Die Tikka-Huhn-Stücke wie auf der Verpackung angegeben aufwärmen und die Buns etwa 5 Minuten bevor das Huhn fertig ist in den Ofen geben.
- Das Zaziki über die Buns verteilen, die Gurke, das Huhn und den Koriander darauflegen. Zuklappen.
- Gegebenenfalls ein paar Scheiben Zwiebel und/oder Tomate hinzufügen.

Huhn mit Thai-Curry

Buns
× 2

Hähnchenschnitzel
× 2 (150 g)

rote Thai-Currypaste
1 Teelöffel

Gurke
× ¼

Koriander
¼ Bund

süße Thai-Chilisauce
4 Esslöffel

In 5 Minuten vorbereitet

5 Minuten Kochzeit

Für 2 Personen

- Den Ofen auf 180 °C vorheizen. Die Gurke in feine Scheiben schneiden, den Koriander hacken. Das Schnitzel mit einem Messer in feine Scheiben schneiden und hacken. Mit dem Koriander und der Currypaste mischen, salzen und pfeffern. Aus dem Fleisch Steaks formen.
- Die Buns halbieren und 5 Minuten in den Ofen geben. Die Hähnchensteaks bei mittlerer Hitze 3 - 4 Minuten auf jeder Seite anbraten.
- Die Buns mit süßer Chilisauce bestreichen, das Steak und die Gurkenscheiben darauflegen. Zuklappen.

Banh-mi-Burger

Buns
× 2

Wurstbrät
300 g

Karotten
× 2

Rohrzucker
1 Esslöffel

weißer Essig
2 Esslöffel

Koriander
¼ Bund

In 10 Minuten vorbereitet

8 Minuten Kochzeit
1 Stunde Marinierzeit

Für 2 Personen

- Den Ofen auf 180 °C vorheizen. Die Karotten raspeln, mit Rohrzucker, dem Essig und etwas Salz mischen. 1 Stunde marinieren lassen.
- Die Buns halbieren und für 5 Minuten in den Ofen geben. Das Brät zu Steaks formen und bei mittlerer Hitze 4 Minuten an jeder Seite anbraten.
- Die Steaks auf die Buns legen, die marinierten Karotten und den Koriander hinzugeben. Zuklappen.
- Nach Geschmack Mayonnaise auf die Buns streichen.

Schweinefleisch, Ananas und Bacon

In 10 Minuten vorbereitet

20 Minuten Kochzeit

Für 2 Personen

große Buns
× 2

Wurstbrät
300 g

Ananas
4 Scheiben

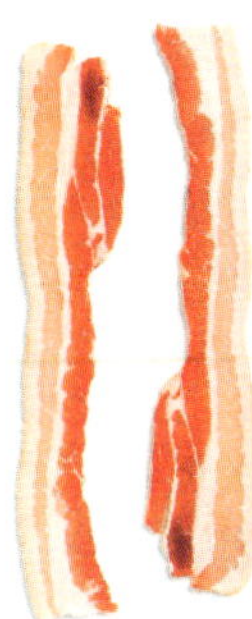

Bacon
6 Scheiben

süße Thai-Chilisauce
4 Esslöffel

Eichblattsalat
4 Blätter

- Aus dem Brät Steaks formen.
- Den Bacon 12 Minuten bei 180 °C grillen. Die Ananas in einem Schuss Öl karamellisieren lassen. Die Buns halbieren und 5 Minuten in den Ofen geben.
- In einem Schuss Öl die Steaks bei mittlerer Hitze 4 Minuten auf jeder Seite anbraten.
- Die Buns mit süßer Chilisauce bestreichen, die Steaks, den Bacon, die Ananas und Salat darauflegen. Zuklappen.

Boeuf Teriyaki

In 10 Minuten vorbereitet

5 Minuten Kochzeit

Für 2 Personen

Buns
× 2

Hacksteaks
× 2 (150 g)

Teriyaki-Sauce
3 Esslöffel

Mayonnaise
2 Esslöffel

Weißkohl
175 g

grüne Peperoni
× 1

- Den Ofen auf 180 °C vorheizen. Den Kohl und die Peperoni in feine Scheiben schneiden. Mit der Mayonnaise mischen, salzen und pfeffern.
- Steaks formen, leicht salzen und pfeffern. Die Buns halbieren und für 5 Minuten in den Ofen geben.
- Einen Schuss Öl erhitzen, die Steaks bei hoher Hitze 2 - 3 Minuten auf jeder Seite anbraten und 1 Minute 30 ziehen lassen. Die Teriyaki-Sauce hinzufügen und 30 Sekunden ziehen lassen.
- Die Teriyaki-Steaks auf die Buns legen und den Kohl mit der Mayonnaise darauf verteilen. Zuklappen.

Yakitori-Burger

Buns
× 2

Hähnchenschnitzel
× 2 (150 g)

Frühlingszwiebeln
× 3

Ingwer
15 g

Teriyaki-Sauce
3 Esslöffel

Coleslaw-Salat
150 g

In 15 Minuten vorbereitet

5 Minuten Kochzeit

Für 2 Personen

- Den Ofen auf 180 °C vorheizen. Das Schnitzel in Streifen schneiden und hacken. Die Zwiebeln hacken. Huhn, Zwiebeln und den geriebenen Ingwer vermischen. Salzen und pfeffern. Aus dem Fleisch Steaks formen.
- Die Buns halbieren und für 5 Minuten in den Ofen geben. Einen Schuss Öl erhitzen, die Steaks bei mittlerer Hitze 3 - 4 Minuten auf jeder Seite anbraten und zum Schluss die Teriyaki-Sauce hinzufügen.
- Die Teriyaki-Steaks auf die Buns legen und den Coleslaw darauf verteilen. Zuklappen.

33

Tonkatsu-Burger

In 15 Minuten vorbereitet

8 Minuten Kochzeit

Für 2 Personen

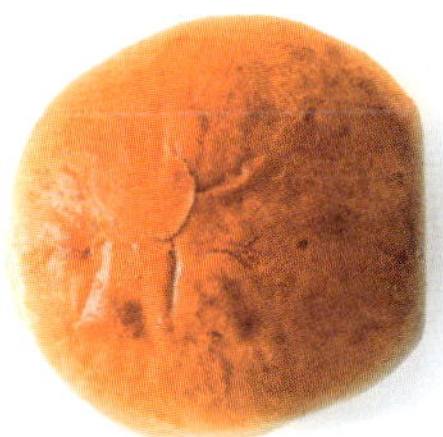

Buns
× 2

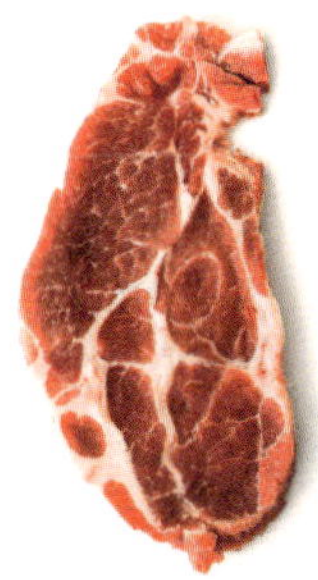

Schweinekoteletts
× 2 (130 g)

Eier
× 1

Mehl
30 g

japanisches Paniermehl
(Panko) 50 g

Barbecue-Sauce
4 Esslöffel

- Den Ofen auf 180 °C vorheizen. Die Koteletts zwischen zwei Blatt Backpapier mit einem Nudelholz dünn ausrollen, salzen und pfeffern. Das Ei aufschlagen, salzen und pfeffern.
- Die Koteletts erst im Mehl, dann im Ei und dann im Paniermehl wälzen.
- Öl erhitzen, die Koteletts bei mittlerer Hitze 3 - 4 Minuten auf jeder Seite anbraten. Die Buns halbieren und 5 Minuten in den Ofen geben.
- Die Buns mit Barbecue-Sauce beträufeln, die panierten Koteletts darauflegen. Zuklappen.

Tex-Mex-Burger

In 15 Minuten vorbereitet

18 Minuten Kochzeit

Für 2 Personen

Buns
× 2

Huhn
× 2 Schnitzel (150 g)

Zwiebel
× ½

roter Paprika
× ½

Fajita-Gewürz
2 Teelöffel

Guacamole
200 g

- Den Ofen auf 180 °C vorheizen. Das Huhn mit dem Messer hacken, salzen und pfeffern. 1 Teelöffel Fajita-Gewürz hinzugeben. Steaks formen.
- Die Zwiebeln in feine Scheiben schneiden und in einem Schuss Öl anschwitzen. Dann die in feine Streifen geschnittene Paprika hinzugeben, salzen und pfeffern, die restlichen Gewürze hinzugeben und 1 Minute ziehen lassen.
- Die Buns halbieren und für 5 Minuten in den Ofen geben. Die Steaks bei mittlerer Hitze 3 - 4 Minuten auf jeder Seite anbraten.
- Die Buns mit Guacamole bestreichen, das Huhn und das Kompott daraufgeben. Zuklappen.

Huhn, Mango und Ananas

Buns
× 2

Hähnchenschnitzel
× 2 (150 g)

Ananas
2 Scheiben

Mango-Chutney
2 Esslöffel

Koriander
ein paar Stiele

Avocado
× 1 reife

In 15 Minuten vorbereitet

14 Minuten Kochzeit

Für 2 Personen

- Den Ofen auf 180 °C vorheizen. Das Schnitzel in feine Scheiben schneiden und hacken. Salzen, pfeffern und den gehackten Koriander untermengen. Steaks formen.
- Die Ananas in einem Schuss Öl goldgelb anbraten. Herausnehmen. Öl in einer Pfanne erhitzen, die Steaks bei mittlerer Hitze 3 - 4 Minuten auf jeder Seite anbraten. Die Buns halbieren und für 5 Minuten in den Ofen geben.
- Das Chutney auf die Buns streichen, die Steaks, die Ananas und je eine halbe, in feine Scheiben geschnittene Avocado darauflegen. Die Burger zuklappen.

Köfte-Burger

Buns
× 2

Hacksteaks
× 2 (150 g)

Kreuzkümmelpulver
2 Teelöffel

kleine Zwiebel
× ½

Koriander
½ Bund

griechische Auberginen
125 g

In 15 Minuten vorbereitet

6 Minuten Kochzeit

Für 2 Personen

- Den Ofen auf 180 °C vorheizen. Die Zwiebel hacken und mit der Hälfte des gezupften Korianders mischen. Das Fleisch vermischen und den Kreuzkümmel hinzugeben, dann salzen, pfeffern und Steaks formen.
- Einen Schuss Öl in eine Pfanne geben, die Steaks 2 - 3 Minuten auf jeder Seite anbraten.
- Die Buns halbieren und für 5 Minuten in den Ofen geben.
- Die griechischen Auberginen auf den Buns verteilen, die Steaks darauflegen und den restlichen Koriander darauf verteilen. Zuklappen.

Tomaten, Mozzarella und Pesto

Ciabatta-Brot
2 kleine

Hacksteaks
× 2 (150 g)

Mozzarella
125 g

getrocknete Tomaten
× 6

Pesto
2 Esslöffel

Rucola
60 g

In 10 Minuten vorbereitet

10 Minuten Kochzeit

Für 2 Personen

- Den Ofen auf 180 °C vorheizen. Die getrockneten Tomaten in Streifen, den Mozzarella in Stücke schneiden. Die Hacksteaks formen, salzen und pfeffern. Die Buns halbieren und für 5 Minuten in den Ofen geben.
- Einen Schuss Öl erhitzen und die Steaks 1 - 2 Minuten auf jeder Seite anbraten. Eine Scheibe Mozzarella darauflegen und für 2 - 3 Minuten in den Ofen geben. Der Käse muss leicht schmelzen.
- Die Buns mit Pesto bestreichen, die Steaks, Tomaten und den Rucola darauflegen. Zuklappen.

Huhn und getrocknete Tomaten

Buns
× 2

Hähnchenschnitzel
× 2 (150 g)

Rocamadour-Käse
× 2

getrocknete Tomaten
× 6

Auberginenkaviar
125 g

Salatmischung
60 g

In 15 Minuten vorbereitet

10 Minuten Kochzeit

Für 2 Personen

- Den Ofen auf 180 °C vorheizen. Die getrockneten Tomaten in Streifen schneiden. Die Hähnchenschnitzel in feine Scheiben schneiden und hacken. Das Fleisch salzen und pfeffern und daraus Steaks formen.
- Die Buns halbieren und für 3 Minuten in den Ofen geben.
- In einem Schuss Öl die Steaks bei mittlerer Hitze 3 - 4 Minuten auf jeder Seite anbraten.
- Den Auberginenkaviar auf den Buns verteilen, die Steaks und je einen Rocamadour darauflegen. 2 - 3 Minuten in den Ofen geben. Tomaten und Salatmischung hinzugeben. Die Burger zuklappen.

Huhn, Feta und Minze

Buns
× 2

Hähnchenschnitzel
× 2 (150 g)

Feta
75 g

mittelgroße Tomaten
× 2

Minze
4 Stiele

Zaziki
125 g

In 15 Minuten vorbereitet

10 Minuten Kochzeit

Für 2 Personen

- Den Ofen auf 180 °C vorheizen. Den Feta in feine Scheiben schneiden. Das Schnitzel in feine Scheiben schneiden und hacken. Salzen und pfeffern. Aus dem Fleisch Steaks formen.
- Die Buns halbieren und für 5 Minuten in den Ofen geben.
- Einen Schuss Öl erhitzen, die Steaks bei mittlerer Hitze 3 - 4 Minuten auf jeder Seite darin anbraten.
- Das Zaziki auf den Buns verteilen, die Steaks, den Feta und die Minzblätter darauflegen. Zuklappen.

Bacon, Eier und Bohnen

Muffins
× 2

Wurstbrät
250 g

Cheddar
2 Scheiben

Eier
× 2

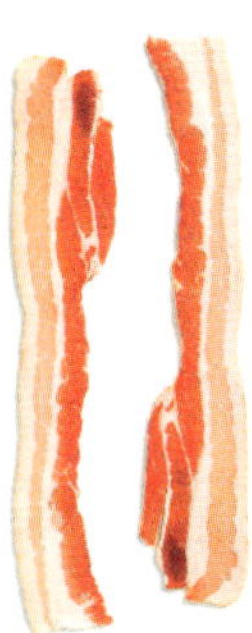

Bacon
6 Scheiben

Bohnen
½ Dose

In 20 Minuten vorbereitet

20 Minuten Kochzeit

Für 2 Personen

- Aus dem Wurstbrät Steaks formen. Den Bacon 12 Minuten bei 180 °C grillen.
- Einen Schuss Öl erhitzen, die Steaks bei mittlerer Hitze 2 - 3 Minuten auf jeder Seite darin anbraten. In einer anderen Pfanne Spiegeleier braten. Die Bohnen in der Mikrowelle erhitzen.
- Die Muffins halbieren und für 3 Minuten in den Ofen geben. Eine Scheibe Cheddar auf jede Hälfte legen und für 1 - 2 Minuten in den Ofen geben.
- Ein Steak auf den Muffin mit dem Käse geben, dann den Bacon und das Ei. Zuklappen. Mit den Bohnen servieren.

Surf & Turf

In 15 Minuten vorbereitet

8 Minuten Kochzeit

Für 2 Personen

Buns
× 2

Wurstbrät
300 g

Garnelen (TK)
× 8

Knoblauch
1 Zehe

Mayonnaise
4 Esslöffel

Sprossen
½ Packung

- Den Ofen auf 180 °C vorheizen. Die Garnelen auftauen, längs spalten und den Darm entfernen. Mit dem Salz, Pfeffer und dem gepressten Knoblauch mischen. 15 Minuten kühlstellen.
- Aus dem Wurstbrät Steaks formen. Einen Schuss Öl erhitzen, die Steaks 3 - 4 Minuten auf jeder Seite anbraten.
- Die Buns halbieren und für 5 Minuten in den Ofen geben. Die Garnelen 2 Minuten in einem Schuss Öl anbraten.
- Die Buns mit Mayonnaise bestreichen, die Steaks, die Garnelen und die Sprossen darauflegen. Zuklappen.

Lachs-Bagel

Bagels
× 2

Lachsfilets
× 2 (200 g)

Philadelphia©
75 g

rote Zwiebel
× ¼

Kapern
2 Esslöffel

Rucola
60 g

In 10 Minuten vorbereitet

10 Minuten Kochzeit

Für 2 Personen

- Den Ofen auf 180 °C vorheizen.
- Den Lachs in einem Kochtopf mit kaltem Wasser bedecken, großzügig salzen und pfeffern. Wenn das Wasser zu kochen beginnt, vom Ofen nehmen und im Wasser abkühlen lassen. Den Lachs auf Küchenpapier abtropfen lassen. Die Haut und die Gräten entfernen.
- Die Zwiebel in feine Scheiben schneiden. Die Bagels halbieren und für 5 - 7 Minuten in den Ofen geben.
- Die Bagels mit Philadelphia© bestreichen. Den Lachs, die Zwiebeln, die Kapern und den Rucola darauf verteilen. Zuklappen.

Lachs, Zaziki und Dill

kleine Vollkornbrötchen
× 2

Lachsfilets
× 2 (125 g)

Eisbergsalat
60 g (Herz)

Zaziki
125 g

Dill
4 Stiele

Zitrone
× ½

In 10 Minuten vorbereitet

10 Minuten Kochzeit

Für 2 Personen

- Den Lachs in einem Topf mit kaltem Wasser bedecken, salzen und pfeffern, den Zitronensaft hinzufügen. Wenn das Wasser zu kochen beginnt, vom Ofen nehmen und im Wasser abkühlen lassen. Den Lachs auf Küchenpapier abtropfen lassen und die Haut entfernen.
- Den Ofen auf 180 °C vorheizen. Die Brötchen halbieren und 5 Minuten in den Ofen geben.
- Die Brötchen mit dem Zaziki bestreichen, den Lachs auflegen und den Dill und den Salat darüber verteilen. Zuklappen.

Lachs und Avocado

Buns
× 2

Lachsfilets
× 2 (150 g)

Gurke
× ¼

Avocado
× 1

gezuckerte Sojasauce
3 Esslöffel

Mayonnaise
4 Esslöffel

In 10 Minuten vorbereitet

3 Minuten Kochzeit

Für 2 Personen

- Den Ofen auf 180 °C vorheizen. Den Lachs 10 Minuten in der Sojasauce marinieren. Die Gurke in feine Scheiben, die Avocado in Streifen schneiden. Die Buns halbieren und für 5 Minuten in den Ofen geben.
- Eine Pfanne ohne Öl erhitzen, den Lachs ca. 2 Minuten auf beiden Seiten bei mittlerer Hitze anbraten. In der Pfanne abkühlen lassen.
- Die Buns mit Mayonnaise bestreichen, die Avocado, Gurke und den Lachs darauflegen. Zuklappen.
- Der Mayonnaise gegebenenfalls etwas Wasabi hinzufügen.

Fish 'n' Chips

In 20 Minuten vorbereitet

5 Minuten Kochzeit

Für 2 Personen

Buns
× 2

Kabeljau
× 2 Filets (150 g)

Mehl mit Backpulver
100 g

Eiweiß
× 1

Bier
12 cl

Chips mit Essiggeschmack
100 g

- Den Ofen auf 180 °C vorheizen. 250 ml Öl erhitzen.
- Die Kabeljaufilets salzen und pfeffern. Das Mehl, das Eiweiß und das Bier mischen, salzen und pfeffern. Die Filets darin wälzen und 5 Minuten anbraten.
- Die Buns halbieren und für 5 Minuten in den Ofen geben. Ein Filet und eine Handvoll Essigchips auf das Bun legen. Zuklappen.
- Gegebenenfalls Aioli auf die Buns streichen.

Fischstäbchen mit Kräutermayonnaise

In 10 Minuten vorbereitet

15 Minuten Kochzeit

Für 2 Personen

Buns
× 2

Fischstäbchen
× 4

Kräutermayonnaise
5 Esslöffel

Kapern
½ Esslöffel

Cornichons
× 3

Bataviasalat
4 Blätter

- Die Kapern und die Cornichons hacken, mit der Kräutermayonnaise mischen. Die Buns halbieren. Die Fischstäbchen wie auf der Verpackung angegeben aufwärmen und die Buns in den Ofen geben, 5 Minuten bevor die Fischstäbchen fertig sind.
- Die Buns mit Kräutermayonnaise bestreichen, zwei Fischstäbchen darauflegen und den Salat verteilen. Zuklappen.
- Gegebenenfalls die Kräutermayonnaise durch ungewürzte Mayonnaise ersetzen.

Dorsch, Piquillos und Basilikum

Buns
× 2

gewässerte Dorschfilets
× 2 (150 g)

Mehl
30 g

Aioli
4 Esslöffel

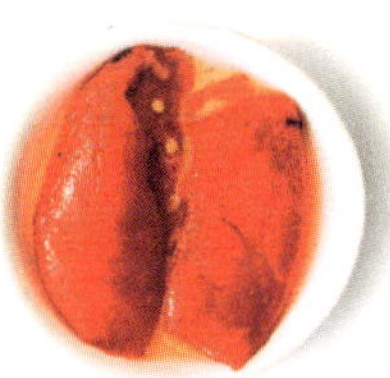

Piquillo-Paprika
× 6

Basilikum
4 Stiele

In 10 Minuten vorbereitet

6 Minuten Kochzeit

Für 2 Personen

- Den Ofen auf 180 °C vorheizen. Die Paprika öffnen, die Kerne entfernen und auspressen. Die Buns halbieren.
- Einen Schuss Öl erhitzen.
- Die Dorschfilets pfeffern und in Mehl wälzen. Leicht schütteln, um überschüssiges Mehl zu entfernen. Auf jeder Seite 2 - 3 Minuten anbraten. Auf Küchenpapier abtropfen lassen. Die Buns 5 Minuten in den Ofen geben.
- Die Buns mit Aioli besteichen, den Fisch darauflegen, mit Piquillo-Paprikas bedecken und das Basilikum darauf verteilen. Zuklappen.

Thunfisch mit Mayonnaise

Vollkornbrötchen
× 2

Thunfisch
150 g

Frühlingszwiebeln
× 2 (mit Stielen)

Mayonnaise
4 Esslöffel

mittelgroße Tomaten
× 2

Ei
× 1

In 15 Minuten vorbereitet

3 Minuten Kochzeit

Für 2 Personen

- ○ Den Ofen auf 180 °C vorheizen. Die Zwiebeln mit den Stielen hacken. Den Thunfisch abtropfen lassen, indem er zwischen den Händen gepresst wird, um das gesamte Wasser zu entfernen. Mit den Zwiebeln, dem Ei, dem Salz und dem Pfeffer mischen. Die Tomaten in Scheiben schneiden. Die Brötchen halbieren und 5 Minuten in den Ofen geben.
- ○ Steaks aus dem Thunfisch formen und 1 - 2 Minuten auf jeder Seite anbraten.
- ○ Die Brötchen mit Mayonnaise bestreichen, die Tomaten darauf verteilen und ein Thunfischsteak darauflegen. Zuklappen.

Garnelen-Tarama

kleine Buns
× 2

Garnelen (TK)
250 g

Frühlingszwiebeln
× 2

Tarama
4 Esslöffel

Gurke
× ¼

Sprossen
½ Packung

In 20 Minuten vorbereitet

5 Minuten Kochzeit

Für 2 Personen

- Den Ofen auf 180 °C vorheizen. Die Gurke in feine Scheiben schneiden.
- Die Garnelen auftauen und schälen. Die Zwiebel in große Stücke schneiden. Mixen. Es muss eine fließende Paste entstehen. Salzen und pfeffern. Mit feuchten Händen Steaks formen.
- Die Buns halbieren und 5 Minuten in den Ofen geben. Die Garnelensteaks 1 - 2 Minuten auf jeder Seite anbraten.
- Die Buns mit Tarama bestreichen, die Steaks, die Gurkenscheiben und die Sprossen darauflegen. Zuklappen.

Tintenfisch mit Aioli

In 5 Minuten vorbereitet

15 Minuten Kochzeit

Für 2 Personen

Buns
× 2

panierte Tintenfische (TK)
× 12

Aioli
5 Esslöffel

glatte Petersilie
2 Stiele

Kapern
1 Esslöffel

Bataviasalat
2 Blätter

- Den Ofen auf 180 °C vorheizen.
- Die Aioli, die gehackten Kapern und die gezupfte Petersilie vermengen. Die Buns halbieren.
- Die Tintenfische wie auf der Verpackung angegeben aufwärmen und die Buns in den Ofen geben, etwa 5 Minuten bevor die Tintenfische fertig sind.
- Die Buns mit Sauce bestreichen, den Salat und 3 Tintenfischringe darauflegen. Die Burger zuklappen.

Kabeljau und Chorizo

Buns
× 2

Kabeljau
× 2 Rückenfilets (150 g)

grüne Paprika
× 1

Zwiebel
× 1

Chorizo
12 Scheiben

Burger-Sauce
4 Esslöffel

In 10 Minuten vorbereitet

15 Minuten Kochzeit

Für 2 Personen

○ Den Ofen auf 180 °C vorheizen. Die Zwiebel und die Paprika in feine Scheiben bzw. Streifen schneiden. Einen Schuss Öl erhitzen und die Chorizo darin anbraten. Herausnehmen. In derselben Pfanne die Zwiebelscheiben anschwitzen. Nachdem sie Farbe angenommen haben, die Paprikastreifen hinzugeben und 1 Minute ziehen lassen. Die Buns halbieren und für 5 Minuten in den Ofen geben.

○ Den Kabeljau salzen und pfeffern. Einen Schuss Öl erhitzen und den Fisch darin 1 - 2 Minuten auf jeder Seite anbraten. Die Sauce auf die Buns gießen, den Fischfonds verteilen, den Fisch und die Chorizo darauflegen. Zuklappen.

Gegrilltes Gemüse mit Pesto

Buns
× 2

Grillgemüse (TK)
300 g

Zwiebel
× ½

Rocamadour-Käse
× 2

Pesto
2 Esslöffel

In 10 Minuten vorbereitet

15 Minuten Kochzeit

Für 2 Personen

- Den Ofen auf 180 °C vorheizen. Das Gemüse auftauen. Die Zwiebel in feine Scheiben schneiden und in einem Schuss Öl anschwitzen. Wenn sie Farbe angenommen hat, das andere Gemüse hinzugeben und erhitzen. Von der Herdplatte nehmen. Das Pesto hinzufügen, salzen und pfeffern.
- Die Buns halbieren und für 3 Minuten in den Ofen geben.
- Die Buns mit dem Gemüse bestreichen, den Rocamadour darauflegen, schließen und 2 Minuten in den Ofen geben.

Aubergine, Tomaten und Mozzarella

Buns
× 2

große Aubergine
× 1

Zwiebel
× 1

Mozzarella
100 g

Tomatenpüree
150 g

Basilikum
ein paar Stiele

In 15 Minuten vorbereitet

50 Minuten Kochzeit

Für 2 Personen

- Die Auberginen in Scheiben schneiden, salzen und 15 Minuten entwässern lassen. Den Ofen auf 220 °C vorheizen. Die Auberginen mit Öl bestreichen und für 30 - 35 Minuten in den Ofen geben, ab und zu wenden.
- Die gehackte Zwiebel anschwitzen. Das Püree hinzugeben, salzen und pfeffern, 15 Minuten köcheln lassen.
- Den Ofen auf 180 °C herunterdrehen. Die Buns halbieren und für 3 Minuten in den Ofen geben.
- Die Buns mit dem Püree bestreichen, die Auberginen und die Mozzarellastücke darauflegen. Für 2 - 3 Minuten in den Ofen geben. Das Basilikum darauflegen. Zuklappen.

Champignons und Spinat

In 15 Minuten vorbereitet

15 Minuten Kochzeit

Für 2 Personen

Buns
× 2

große Champignons
× 4

Schneckenbutter
40 g

Mozzarella
100 g

Blattspinat
150 g

- Den Ofen auf 180 °C vorheizen. Den Mozzarella in 2 Hälften schneiden.
- Die Champignons 5 Minuten in einem Schuss Öl anbraten. Wenn sie Farbe angenommen haben, 20 g Schneckenbutter hinzufügen, salzen und pfeffern, umrühren.
- In derselben Pfanne den Spinat mit etwas Öl 1 - 2 Minuten anbraten, dann den Rest Butter hinzufügen, salzen und pfeffern, umrühren. Die Buns für 3 Minuten in den Ofen geben.
- Die Champignons und den Mozzarella auf die Buns legen und nochmal für 2 - 3 Minuten in den Ofen geben. Den Spinat darauflegen. Zuklappen.

Rote Bete und Hummus

Buns
× 2

gekochte, rote Bete
× 1

Comté-Käse
80 g

mittelgroße Tomaten
× 2

Hummus
100 g

Salatmischung
60 g

In 10 Minuten vorbereitet

5 Minuten Kochzeit

Für 2 Personen

- Den Ofen auf 180 °C vorheizen. Die Buns halbieren, die Tomaten in Scheiben schneiden. Die rote Bete in 2 dicke Stücke schneiden. Den Comté-Käse reiben.
- Die Buns für 5 Minuten in den Ofen geben.
- Die Buns mit Hummus bestreichen, ein Stück rote Bete darauflegen, die Tomate, den Comté und die Salatmischung darauf verteilen. Zuklappen.

Veggie

56

Tomaten, Rucola und Mozzarella

In 5 Minuten vorbereitet

5 Minuten Kochzeit

Für 2 Personen

Buns
× 2

Mozzarella
125 g

mittelgroße Tomaten
× 2

Pesto
2 Esslöffel

Rucola
75 g

- Den Ofen auf 180 °C vorheizen. Die Buns halbieren, die Tomaten in Scheiben schneiden. Den Mozzarella in 2 dicke Stücke schneiden.
- Die Buns für 5 Minuten in den Ofen geben.
- Die Buns mit Pesto bestreichen, je ein Stück Mozzarella darauflegen und für 1 - 2 Minuten in den Ofen geben. Die Tomaten und den Rucola darauf verteilen. Die Burger zuklappen.
- Gegebenenfalls den Rucola mit Balsamicoessig beträufeln.

57

Kichererbsen und Zaziki

In 15 Minuten vorbereitet

15 Minuten Kochzeit

Für 2 Personen

Buns
× 2

gekochte Kichererbsen
300 g

Kreuzkümmel
2 Teelöffel

mittelgroße Tomaten
× 2

Frühlingszwiebeln
× 1½

Zaziki
125 g

- Den Ofen auf 190 °C vorheizen. Die Kichererbsen abgießen. Mit dem Kreuzkümmel, dem Salz und dem Pfeffer mischen. Pattys formen und für 10 Minuten in den Ofen geben.
- Die in Würfel geschnittenen Tomaten, die in feine Scheiben geschnittenen Zwiebeln, Salz und Pfeffer mischen.
- Die Buns halbieren und für 5 Minuten in den Ofen geben.
- Die Buns mit Zaziki bestreichen, die Pattys darauflegen und den Tomatensalat darüber verteilen. Zuklappen.

Weiße Bohnen mit Gouda

In 15 Minuten vorbereitet

10 Minuten Kochzeit

Für 2 Personen

Buns
× 2

gekochte, weiße Bohnen
300 g

Paniermehl
2 Esslöffel

Burger-Sauce
4 Esslöffel

mittelgroße Tomaten
× 2

Gouda mit Kümmel
80 g

- Die abgetropften Bohnen mixen, salzen, pfeffern, das Paniermehl hinzugeben. Steaks formen.
- Den Ofen auf 180 °C vorheizen. Die Buns halbieren, die Tomaten in Scheiben schneiden. Den Gouda in feine Streifen schneiden.
- Einen Schuss Öl erhitzen und die Steaks 1 - 2 Minuten auf jeder Seite anbraten. Die Buns für 5 Minuten in den Ofen geben. Den Gouda auf die Steaks legen, 3 Minuten in den Ofen geben.
- Die Buns mit Burger-Sauce bestreichen, die Tomatenscheiben und das Bohnensteak darauflegen. Zuklappen.

Süßkartoffeln mit Bohnen

Buns
× 2

Süßkartoffel
300 g

gekochte, rote Bohnen
125 g

Auberginenkaviar
4 Esslöffel

Paniermehl
2 Esslöffel

Eichblattsalat
4 Blätter

In 15 Minuten vorbereitet

1 Stunde Kochzeit

Für 2 Personen

- Den Ofen auf 200 °C vorheizen. Die Süßkartoffel mit Alufolie abdecken und 50 Minuten in den Ofen geben. Mit einer Gabel die Süßkartoffel zerquetschen und mit den abgetropften Bohnen und dem Paniermehl mischen. Salzen und pfeffern. Pattys formen. Einen Schuss Öl erhitzen und die Pattys 2 - 3 Minuten auf jeder Seite anbraten.
- Die Buns halbieren und bei 180 °C für 5 Minuten in den Ofen geben.
- Die Buns mit Auberginenkaviar bestreichen, Pattys darauflegen und den Salat darüber verteilen. Zuklappen.

Gemüse mit Piccalilli-Sauce

In 5 Minuten vorbereitet

15 Minuten Kochzeit

Für 2 Personen

Buns
× 2

kleine Gemüsepattys
(TK)
× 4

Piccalilli-Sauce
2 Esslöffel

Cheddar
2 Scheiben

mittelgroße Tomaten
× 2

Bataviasalat
2 Blätter

- ○ Die Buns halbieren, die Tomaten in Scheiben schneiden.
- ○ Die Gemüsepattys nach den Anweisungen auf der Packung erwärmen. Die Buns für 3 Minuten in den Ofen geben. Den Cheddar auf eine Seite legen und 2 Minuten in den Ofen geben.
- ○ Die Piccalilli-Sauce auf die Buns gießen, die Pattys darauflegen und die Tomaten und den Salat darauf verteilen. Zuklappen.

Linsen mit Guacamole

kleine Vollkornbrötchen
× 2

Korallenlinsen
75 g

Karotte
× 1

Paniermehl
2 Esslöffel

Guacamole
4 Esslöffel

Koriander
¼ Bund

In 15 Minuten vorbereitet

22 Minuten Kochzeit

Für 2 Personen

- Die Linsen 12 Minuten in kochendem Wasser garen. Abgießen und mit einem Löffel das restliche Wasser herausdrücken. Die Karotte raspeln. Mit den Linsen verkneten, das Paniermehl hinzugeben, salzen und pfeffern. 4 Pattys formen.
- Den Ofen auf 180 °C vorheizen. Die Brötchen halbieren und für 5 Minuten in den Ofen geben.
- Einen Schuss Öl erhitzen und die Pattys 3 - 4 Minuten auf jeder Seite anbraten.
- Pattys auf die Brötchen geben, mit Guacamole bestreichen und Koriander darüberstreuen. Zuklappen.

Zucchini-Frittata

In 15 Minuten vorbereitet

10 Minuten Kochzeit

Für 2 Personen

kleine Ciabatta-Brote
× 2

große Zucchini
× 1

Eier
× 3

Feta
75 g

Minze
½ Bund

Aioli
4 Esslöffel

- Die Zucchini raspeln, die Minze hacken, den Feta zerbröseln. Die Zucchini 1 Minute in der Mikrowelle garen. Gut abtropfen lassen. Die Eier aufschlagen, die Zucchini, die Minze und den zerbröselten Feta hinzugeben. Salzen und pfeffern.
- Einen Schuss Öl erhitzen, die Mischung 3 - 4 Minuten bei mittlerer Hitze anbraten. Die Frittata vierteln, umdrehen, 2 - 3 Minuten ziehen lassen.
- Den Ofen auf 180 °C vorheizen. Das Ciabatta aufschneiden und für 5 Minuten in den Ofen geben.
- Mit Aioli bestreichen und mit Frittata garnieren. Die Burger zuklappen.

Falafel-Burger

In 5 Minuten vorbereitet

10 Minuten Kochzeit

Für 2 Personen

Buns
× 2

kleine Falafel
× 8

Hummus
125 g

mittelgroße Tomaten
× 2

Gurke
× ¼

rote Zwiebel
× ½

- Die Buns halbieren. Die Zwiebel in feine, die Gurke und die Tomaten in dünne Scheiben schneiden.
- Die Falafel wie auf der Verpackung angegeben aufwärmen und die Buns in den Ofen geben, etwa 5 Minuten bevor die Falafel fertig sind.
- Die Buns mit Hummus bestreichen, die Zwiebeln, die Tomaten, die Gurke und die leicht zerdrückten Falafel verteilen. Die Burger zuklappen.

Veggie

64

Tortilla-Burger

Buns
× 2

Eier
× 4

Kartoffeln
× 2

kleine Zwiebel
× 1

Mayonnaise
4 Esslöffel

Bataviasalat
4 Blätter

In 15 Minuten vorbereitet

40 Minuten Kochzeit

Für 2 Personen

- Die Kartoffeln 30 Minuten kochen und in dünne Scheiben schneiden. Die Eier aufschlagen, salzen und pfeffern.
- Die Zwiebel in feine Scheiben schneiden, anschwitzen, die Kartoffeln hinzugeben, salzen und pfeffern, anbräunen. Etwas Öl hinzufügen und die Eier darübergießen. Bei schwacher Hitze 5 - 8 Minuten ziehen lassen. Einen Teller auf die Pfanne legen, umdrehen, 3 - 4 Minuten ziehen lassen. Runde Scheiben ausstechen.
- Den Ofen auf 180 °C vorheizen. Die halbierten Buns in den Ofen geben. Mit Mayonnaise bestreichen, die Tortillas und den Salat darauflegen. Zuklappen.

Veggie

Tofu mit Sojasauce

65

Buns
× 2

Tofu
125 g

kleine Karotten
× 2

mittelgroße Zucchini
× 1

Knoblauch
2 Zehen

gezuckerte Sojasauce
3 Esslöffel

In 10 Minuten vorbereitet

10 Minuten Kochzeit

Für 2 Personen

- Den Ofen auf 180 °C vorheizen. Das Gemüse in feine Streifen schneiden. Den Knoblauch pressen. Den Tofu salzen und pfeffern.
- Einen Schuss Öl erhitzen und den Tofu 2 - 3 Minuten auf jeder Seite goldgelb anbraten. In derselben Pfanne das Gemüse, den Knoblauch und die Sojasauce in etwas Öl bei starker Hitze 2 - 3 Minuten anbraten. Das Gemüse soll knackig bleiben.
- Die Buns halbieren und für 5 Minuten in den Ofen geben.
- Die Buns mit Gemüse dekorieren und den Tofu darauflegen. Zuklappen.

Rossini-Burger

In 15 Minuten vorbereitet

30 Minuten Kochzeit

Für 2 Personen

Buns
× 2

Hacksteaks
× 2 (150 g)

kleine Entenleber-
schnitzel (TK)
× 4

Zwiebeln
× 2

Balsamico-Essig
2 Esslöffel

Rucola
60 g

- Die Zwiebeln in feine Scheiben schneiden und anschwitzen. Sobald sie Farbe angenommen haben, die Hitze zurückdrehen und die Zwiebeln salzen und pfeffern, 20 Minuten karamellisieren lassen. Den Balsamico hinzufügen und köcheln lassen, bis er verdampft ist.
- Den Ofen auf 180 °C vorheizen. Die Entenleber nach den Anweisungen auf der Verpackung zubereiten. Salzen und pfeffern. In derselben Pfanne die Steaks bei starker Hitze 2 Minuten auf jeder Seite anbraten. Die Buns halbieren und für 5 Minuten in den Ofen geben. Die Buns mit Zwiebeln belegen, die Steaks, die Entenleber und den Rucola darauflegen. Zuklappen.

Entenbrust mit Parmesan

Buns
× 2

Entenbrust
300 g

Schneckenbutter
50 g

Parmesan
50 g

Feldsalat
60 g

In 20 Minuten vorbereitet

10 Minuten Kochzeit

Für 2 Personen

- Die Haut von der Entenbrust entfernen, das Fleisch mit dem Messer hacken. Mit Salz, Pfeffer und 15 g geriebenem Parmesan mischen. Aus der entstandenen Masse Steaks formen. Den restlichen Parmesan in Stücke schneiden.
- Den Ofen auf 180 °C vorheizen. Einen Schuss Öl erhitzen und die Steaks 2 - 3 Minuten auf jeder Seite anbraten.
- Die Buns für 5 Minuten in den Ofen geben. Die Schneckenbutter 20 Sekunden in der Mikrowelle erhitzen.
- Die Buns mit der Butter beträufeln, das Steak, die Parmesanstücke und den Feldsalat darauflegen. Zuklappen.

Entenbrust mit Entenleber

Buns
× 2

Entenbrust
300 g

Entenleberstreifen
× 2 (40 g)

frische Champignons
× 8

Blattspinat
125 g

Crème fraîche
1 Esslöffel

In 20 Minuten vorbereitet

10 Minuten Kochzeit

Für 2 Personen

- Die Haut von der Entenbrust entfernen, das Fleisch mit dem Messer hacken. Salzen, pfeffern und daraus Steaks formen.
- Die in feine Scheiben geschnittenen Champignons in Öl anbraten. Die Crème fraîche dazugeben und einreduzieren lassen. Den Spinat beifügen, umrühren. Die Herdplatte ausschalten. Salzen und pfeffern.
- Den Ofen auf 180 °C vorheizen. Einen Schuss Öl erhitzen und die Steaks 2 - 3 Minuten auf jeder Seite anbraten. Die Buns halbieren und für 5 Minuten in den Ofen geben.
- Das Gemüse, die Steaks und die Entenleber auf die Buns legen. Zuklappen.

Enten-Confit mit Honig

In 20 Minuten vorbereitet

10 Minuten Kochzeit

Für 2 Personen

kleine Ciabatta-Brote
× 2

Enten-Confit (Schenkel)
× 2

Zwiebel
× 1

Senf mit ganzen Körnern
2 Esslöffel

Honig
½ Esslöffel

Frisée-Salat
60 g

- Die Zwiebeln in feine Scheiben schneiden. Senf und Honig mischen.
- Die Schenkel bei schwacher Hitze aufwärmen. Ab und zu umdrehen. Wenn die Haut goldgelb ist, die Schenkel herausnehmen und die Zwiebeln hinzufügen. Ca. 15 Minuten braten, bis sie karamellisiert sind. Das Fleisch der Schenkel auslösen und mit den Zwiebeln mischen. Salzen und pfeffern.
- Den Ofen auf 180 °C vorheizen. Das Ciabatta halbieren und für 5 Minuten in den Ofen geben.
- Das Ciabatta mit der Sauce bestreichen, das Fleisch und den Frisée-Salat darauf verteilen. Zuklappen.

Was macht man womit?

Die Originalausgabe erschien 2017 unter dem Titel: *Burger Super Facile*

Postbus 72, 5330 AB Kerkdriel, Niederlande

Produktion der deutschsprachigen Ausgabe:
Tanja Timmerman vertaling & redactie
Übersetzung: Judith Muhr
Satz: Elixyz Desk Top Publishing

Printed in Slovenia

ISBN: 978-94-6359-001-3